Tomasz Szlagor

P-47 Thunderbolt
with the USAAF
– European Theatre of Operations

KAGERO

P-47 Thunderbolt with the USAAF – European Theatre of Operations

Tomasz Szlagor

First edition • LUBLIN 2013

Photo credits: **All photographs, unless credited otherwise, are from NARA**

Wszystkie zdjęcia, jeśli nie zostały opisane inaczej, pochodzą ze zbiorów NARA

Colour plates: **Janusz Światłoń**

DTP: **Małgorzata Dudziak, Marcin Wachowicz KAGERO STUDIO**

ISBN: 978-83-62878-50-5

Oficyna Wydawnicza KAGERO • e-mail: kagero@kagero.pl, marketing@kagero.pl
**Editorial office, Marketing, Distribution: KAGERO Publishing Sp. z o.o.,
Akacjowa 100, os. Borek – Turka, 20-258 Lublin 62, Poland, phone/fax +4881 501 21 05
www.kagero.pl**

Introduction

Republic P-47 Thunderbolt came into being in response to a tender by the United States Army Air Corps for a new, high-altitude interceptor, offered in the summer of 1939. Shortly afterwards war broke out in Europe. It soon became obvious that the key to success in modern air combat was altitude advantage and powerful armament. This knowledge prompted Aleksander Kartveli, the chief designer of Republic Aviation Corporation, to choose for his new project one of the most powerful aircraft engines in existence – the 18-cylinder Pratt & Whitney Double Wasp radial engine fitted with turbo-supercharger. It was a daring choice, for the resulting weight and dimensions of his fighter by far exceeded those en vogue at that time (in its final configuration the P-47 was nearly twice as heavy as a standard single-seat fighter of WWII era). Perhaps understandably, many pilots, accustomed to light and nimble machines, had mixed emotions about flying this heavy-weight 'monster'.

Republic P-47 Thunderbolt powstał w odpowiedzi na ogłoszone latem 1939 roku zapotrzebowanie korpusu lotniczego armii USA na nowy myśliwiec przechwytujący. Wkrótce potem w Europie wybuchła wojna. Analiza toczących się tam walk powietrznych wykazała, że kluczem do sukcesu jest przewaga pułapu i silne uzbrojenie strzeleckie. Z tego względu Aleksander Kartveli, główny konstruktor zakładów *Republic Aviation Corporation*, ostatecznie zdecydował się na masywny, gwiazdowy silnik z turbosprężarką, osiemnastocylindrowy *Pratt & Whitney Double Wasp*. W ten sposób stworzył samolot, który swoim monstrualnym ciężarem i gabarytami znacznie odbiegał od ówczesnych standardów (w ostatecznej konfiguracji P-47 ważył niemal dwa razy więcej niż typowy jednomiejscowy myśliwiec tamtej epoki), budząc mieszane uczucia wśród pilotów przyzwyczajonych do lekkich i zwrotnych konstrukcji

Prototype XP-47B (s/n 40-3051) at the factory airfield in Farmingdale. It made the maiden flight on 6th May 1941 with test pilot Lowery Brabham at the controls (*SDAM*)

Prototyp XP-47B (s/n 40-3051) na lotnisku fabrycznym w Farmingdale. Jego oblotu dokonał 6 maja 1941 roku pilot fabryczny Lowery Brabham.

The third serial-production P-47B (s/n 41-5897) tested at NACA in March 1942 (*NASA*)

Trzeci seryjny egzemplarz P-47B (n/s 41-5897) podczas prób w NACA w marcu 1942 roku.

On 6th May 1941 test pilot Lowery L. Brabham took the prototype XP-47B on its maiden flight. Refining such revolutionary design took time, hence P-47B, the first production variant, never saw combat. This distinction went to its successor, P-47C, in production since late 1942, which joined the war in Europe in spring of the following year. P-47C soon phased out in favour of P-47D, the most numerous model of the Thunderbolt (over 12 500 aircraft out of some 15 500 in total), which was eventually produced in 20 successive variants. Since the Republic factory at Farmingdale was no longer able to meet the growing demand for the new fighter, a new P-47 production line was set at another plant

Prototypowy XP-47B wykonał pierwszy lot 6 maja 1941 roku. Dopracowanie tak rewolucyjnej konstrukcji wymagało czasu, dlatego P-47B, pierwsza wersja seryjna, nie trafił do służby liniowej. Dopiero jego następcę, produkowany od jesieni 1942 roku P-47C, wysłano na wojnę w Europie. Wkrótce potem rozpoczęto produkcję P-47D, najliczniejszej wersji Thunderbolta (ponad 12 500 egzemplarzy na około 15 500 wszystkich), która doczekała się aż 20 wariantów. Ponieważ zakłady Republic w Farmingdale nie mogły sprostać rosnącemu zapotrzebowaniu na nowy myśliwiec, część produkcji przejęła filia w Evansville w stanie Indiana. W celu rozróżnienia produktów obu fabryk, samoloty z Far-

P-47B (s/n 41-6002) flown by Maj. Hubert Zemke, CO of 56th Fighter Group, during familiarisation flights at Mitchel Field, NY, in 1942. The 56th was the first USAAF's unit to convert to Thunderbolts. (*SDAM*)

P-47B (n/s 41-6002) należący do Maj. Huberta Zemke, dowódcy 56. FG, sfotografowany podczas szkolenia jednostki na nowych samolotach w bazie Mitchel Field w stanie Nowy Jork, w 1942 roku. Dowodzona przez niego grupa myśliwska jako pierwsza w USAAF przezbroiła się na Thunderbolty.

Thunderbolts of 62nd FS / 56th FG on a training flight over England. The formation is led by Maj. Horace 'Pappy' Craig, the squadron's CO, in his P-47D-1-RE (s/n 42-7870) coded 'LM-R'.

Thunderbolty 62. FS ze składu 56. FG w locie treningowym nad Anglią. Formację prowadzi Maj. Horace „Pappy" Craig, dowódca dywizjonu, w swoim P-47D-1-RE (n/s 42-7870) o kodzie bocznym „LM-R".

Lt. Quince Brown on the wing of his P-47D-6-RE (s/n 42-74753) *Okie* coded 'WZ-J'. Brown was the top-ranking ace of the 78th FG when the group flew Thunderbolts. He scored his first victory (a Bf 109 in Emden area) on 27th September 1943.

Lt. Quince Brown na skrzydle swojego P-47D-6-RE (n/s 42-74753) *Okie*, kod boczny „WZ-J". Brown był czołowym asem 78. FG w czasach, kiedy ta jednostka latała na Thunderboltach; swoje pierwsze zwycięstwo (Bf 109 w rejonie Emden) zdobył 27 września 1943 roku.

in Evansville, Indiana. In order to tell apart the two production series, Farmingdale and Evansville aircraft were given different suffixes ('-RE' and '-RA', respectively).

The most notable variants were D-22 and D-25. The former, introduced at the turn of spring and summer 1944, featured a new, paddle-blade propeller (to make full use of the additional power provided by water injection). The new propeller's blades had wider chord, which made them look like paddles (hence the name), and the prop's diameter was increased to 13 feet. It added 400 feet per minute to the P-47's climb rate. P-47D-25, introduced shortly afterwards, was fitted with the distinctive bubble-top canopy, which greatly enhanced vision from the cockpit, and enlarged fuel tanks (total internal fuel capacity increased from 305 to 370 gallons). January 1945 saw the debut of P-47M. Coming from a short production run of only 130 aircraft, it was in fact an

mingdale oznaczano jako P-47D-RE, natomiast te z Evansville jako P-47D-RA.

Najbardziej przełomowe dla rozwoju konstrukcji były warianty D-22 i D-25. W pierwszym z nich, którego produkcję rozpoczęto na przełomie wiosny i lata 1944 roku, wprowadzono tzw. śmigło wiosłowe. Łopaty nowego śmigła miały szerszą cięciwę i wyglądem przypominały wiosła (stąd jego potoczna nazwa), a jego średnica zwiększyła się do 4,01 metra. Dzięki tej innowacji prędkość wznoszenia P-47 wzrosła o 400 stóp na minutę. Z kolei wariant P-47D-25, który wszedł do służby niedługo później, wyposażono m.in. w kroplową owiewkę, znacznie poprawiającą widoczność z kokpitu, oraz zwiększono wewnętrzny zapas paliwa (z 305 do 370 galonów). W styczniu 1945 roku służbę frontową rozpoczął P-47 w wersji M. Wyprodukowany w liczbie zaledwie 130 egzemplarzy, był hybrydą płatowca P-47D z silnikiem R-2800-57(C) prze-

6

interim hybrid of the basic P-47D airframe with R-2800-57(C) engine (designed for P-47N, which came too late to see combat over Europe). The new powerplant, rated at 2,800 hp (war emergency power), gave the P-47M a stunning 470 mph at 30 000 feet, making it the fastest piston-engined fighter in operational service with the Allies during World War Two (the D-25 model, powered by a 2,535 hp engine, could attain a maximum speed of 429 mph at the same altitude).

Operational Service

P-47 Thunderbolt was crucial in overwhelming the defences of Hitler's *Festung Europa*, initially as escort fighter, and later mainly as fighter-bomber. It debuted in the former role with the USAAF 8th Army Air Force on 10th March 1943. Until P-51 Mustangs came into play, which happened nine months later, P-47 pilots bore the brunt of fighting with the Luftwaffe for air superiority over western Europe. Initially the American fighter groups, stationed in eastern England, carried out fighter sweeps over the coast of occupied France, Belgium and Holland. At that time Thunderbolts equipped three outfits – 4th, 56th and 78th FG – each with three squadrons on strength. Thunderbolts clashed with German fight-

znaczonym dla wariantu N (który już nie zdążył wziąć udział w walkach nad Europą). Nowa jednostka napędowa o maksymalnej mocy aż 2800 hp rozpędzała samolot do niewiarygodnej prędkości 470 mil na godzinę (756 km/h) na pułapie 30 000 stóp, czyniąc P-47M najszybszym myśliwcem o napędzie tłokowym w arsenale aliantów (dla porównania – wariant D-25, którego silnik posiadał maksymalną moc 2535 hp, na tym samym pułapie rozwijał prędkość 429 mil na godzinę, czyli 690 km/h).

Służba frontowa

P-47 Thunderbolt odegrał kluczową rolę w przełamaniu obrony niemieckiej *Festung Europa*, początkowo jako myśliwiec eskortowy, następnie głównie jako myśliwiec bombardujący. W pierwszej z tych ról zadebiutował, w składzie 8. Armii Powietrznej USAAF, 10 marca 1943 roku. Do czasu wejścia do służby myśliwców P-51 Mustang, co nastąpiło dziewięć miesięcy później, to właśnie na pilotach P-47 spoczywał główny ciężar walk z Luftwaffe o dominację na niebie zachodniej Europy. Początkowo stacjonujące we wschodniej Anglii amerykańskie grupy myśliwskie wykonywały ofensywne patrole nad

Lt.Col. Wayne Blickenstaff of 350th FS / 353rd FG by his P-47D-6-RE (s/n 42-74647), coded 'LH-U'; Raydon, Anglia. (*James Crow*)

Lt.Col. Wayne Blickenstaff z 350. FS / 353. FG przy swoim P-47D-6-RE (n/s 42-74647), kod boczny „LH-U"; Raydon, Anglia.

P-47D-10-RE (s/n 42-75120) *Mike IV*, coded 'QP-F', flown by Capt. Wacław (Winslow) 'Mike' Sobański of 334th FS / 4th FG (*via Timothy Kirkup*)

P-47D-10-RE (n/s 42-75120) *Mike IV*, kod boczny „QP-F", którym latał Capt. Wacław 'Mike' Sobański z 334. FS / 4. FG.

ers for the first time on 15th April, pilots of 4th FG scoring first 'kills' for the P-47. In early May Thunderbolts were relegated to escort duties, even though in this role they were severely hampered by their limited range.

Meanwhile, intense development work was underway to increase P-47's range by fitting it with disposable drop tanks. For the first time external tanks were used during a mission to Kassel and Oschersleben on 28th July 1943 (notably, it was also the first time when Thunderbolts crossed into Germany). Nevertheless, the bulbous 200-gallon ferry tanks were, among other disadvantages, not pressurized, hence unusable above 23,000 ft. Much more useful were the pressurized, streamlined, teardrop-shaped 75-gallon tanks, and the cylindrical-shaped 108-gallon tanks which came a month later. On 27th September, during a bombing raid to Emden, the underbelly 108-gallon tanks allowed the P-47s to stay with their charges along the bombers' entire route (600-mile round trip) – for the first time on a mission against a target in Germany. By steadily increasing their range, Thunderbolts forced the Luftwaffe to withdraw their fighter units ever farther to the east. It was particularly true in case of the heavy, twin-engined Bf 110s, which were suffering appalling losses in clashes with the escorts.

wybrzeżem okupowanej Francji, Belgii i Holandii. W tym okresie na Thunderboltach latały trzy grupy myśliwskie (*Fighter Groups*) – 4., 56. i 78. FG – każda złożona z trzech dywizjonów (*Fighter Squadrons*). Do pierwszego starcia Thunderboltów z niemieckimi myśliwcami doszło 15 kwietnia; przy tej okazji piloci 4. FG zapisali na konto Thunderbolta pierwsze zwycięstwa. Z początkiem maja Thunderbolty skierowano do zadań eskortowych, chociaż ze względu na swój ograniczony zasięg mogły towarzyszyć ciężkim bombowcom tylko na pierwszym etapie ich dalekich wypraw w głąb III Rzeszy a następnie, po uzupełnieniu paliwa, czekać w umówionym miejscu na ich powrót.

Tymczasem trwały intensywne prace nad zwiększeniem zasięgu P-47 poprzez wyposażenie ich w zewnętrzne, odrzucane zbiorniki na paliwo. Po raz pierwszy dodatkowych zbiorników użyto 28 lipca 1943 roku, podczas wyprawy bombowej nad Kassel i Oschersleben w środkowych Niemczech (tego dnia piloci Thunderboltów po raz pierwszy przekroczyli granicę III Rzeszy). Niemniej jednak podkadłubowe zbiorniki na 200 galonów paliwa, zaprojektowane z myślą o lotach transferowych, miały liczne wady (m.in. brak hermetyzacji, przez co nie mogły być używane powyżej 23 000 stóp, czyli ok. 7000 metrów). Zdecydowano się więc na

On 25th November 1943 Thunderbolts were used for the first time as fighter-bombers – on that day machines of 56th and 353rd FGs, each armed with a single 500 lb bomb, set upon Luftwaffe airfields in St Omer area. By the year's end Thunderbolt outfits of the 8th AF, their number increased to seven by that time, racked up 405 air victories. The top-scoring unit, with a tally of 167 'kills', was the oldest and the most experienced 56th FG, led by the legendary Col. Hubert Zemke.

Somehow overshadowed at that time by the 8th AF, the tactical 9th AF also steadily grew in strength. The Ninth's Thunderbolt units, whilst being readied for ground support duties after the invasion, were often temporarily detached to fly escort missions alongside the 8th AF. The first three such fighter groups – 358th, 362nd and 365th – three had their baptism of fire during the momentous air battles in late February and early March 1944.

znacznie wydajniejsze, hermetyzowane zbiorniki o pojemności 75 galonów (nieco ponad 280 litrów), które ponadto ze względu na swój aerodynamiczny, kroplowy kształt nie powodowały istotnego pogorszenia osiągów samolotu. Po raz pierwszy zbiorników tego typu użyto bojowo 31 sierpnia. Miesiąc później do użycia weszły większe zbiorniki cylindrycznego kształtu, o pojemności 108 galonów. Dzięki nim 27 września, podczas wyprawy nad Emden, Thunderbolty mogły po raz pierwszy towarzyszyć bombowcom na całej trasie przelotu nad cel położony w granicach III Rzeszy – 600 mil (965 kilometrów) w obie strony. Sukcesywnie zwiększając swój zasięg, jednostki Thunderboltów zmuszały *Jagdwaffe* do wycofywania swoich sił coraz dalej na wschód. W szczególności dotyczyło to ciężkich, dwusilnikowych Bf 110, które w starciu z myśliwcami eskorty ponosiły dotkliwe straty.

Glenn Duncan (centre), since Nomvember 1943 the CO of 353rd FG, and the groundcrew of his P-47. All fighters flown by Duncan carried the name of *Dove of Peace*.

Glenn Duncan (w środku), od listopada 1943 roku dowódca 353. FG, i obsługa naziemna jednego P-47. Wszystkie myśliwce, którymi latał, nosiły imię *Dove of Piece* („Gołąbek pokoju").

Lt. James Steele of 355th FS / 4th FG posing by his P-47D-6-RE (s/n 42-74717) *This Above All* coded 'WD-T', after he downed a Fw 200 Condor (his only air victory) near Bordeaux, on 5th March 1944.

Lt. James Steele z 355. FS / 4. FG pozuje przy swoim P-47D-6-RE (n/s 42-74717) *This Above All*, kod boczny „WD-T", po tym, jak 5 marca 1944 roku niedaleko Bordeaux zestrzelił Fw 200 Condor (jego jedyne zwycięstwo).

Even at that stage of the air war, after Mustangs and Lightnings had joined the fray, Thunderbolts were by far the most numerous escort fighters available to 8th AF. For instance, on 20th February 1944, when the Allies commenced a series of massive air strikes against German aviation industry all over the Reich (operation 'Argument', better known as the 'Big Week'), the heavy bombers – over a thousand of them – were shepherded by 73 Mustangs, 94 Lightnings and as many as 668 Thunderbolts. On that day some Thunderbolts for the first time carried underbelly 150-gallon drop tanks. With extra flying time provided by the new tanks, 56th FG ventured as far as Hannover area, some 350 miles from its base at Halesworth.

The 'Big Week' was the apogee of Thunderbolts' service with the 8th AF. Henceforth, their numbers steadily diminished in favour of Mustangs. In February 1944 nine fighter groups of the 8th AF – 4th, 56th, 78th, 352nd, 353rd, 355th, 356th, 359th and 361st – still operated Thunderbolts but this was soon to change.

Pierwszą próbę użycia Thunderboltów w roli myśliwców bombardujących wykonano 25 listopada 1943 roku – tego dnia samoloty 56. i 353. FG, każdy uzbrojony w pojedynczą, pięćsetfuntową bombę na wyrzutniku pod kadłubem, zaatakowały niemieckie lotniska w rejonie St. Omer. Do końca 1943 roku jednostki Thunderboltów, których do tego czasu 8. AF miała już siedem, zdobyły łącznie 405 pozytywnie zweryfikowanych zestrzeleń, w tym najwięcej (167) najstarsza i najbardziej doświadczona 56. FG, którą dowodził legendarny Col. Hubert Zemke.

Niejako w cieniu 8. AF rosła w siłę 9. AF, armia powietrzna średnich bombowców i myśliwców bombardujących, szykowana do wsparcia taktycznego w czasie inwazji na kontynent. Na początku 1944 roku 9. AF dysponowała dopiero trzema jednostkami Thunderboltów: 358., 362. i 365. FG. Wszystkie trzy przeszły chrzest bojowy w wielkich bitwach powietrznych w lutym i marcu 1944, wspierając naloty strategiczne 8. AF.

Na tym etapie, pomimo wprowadzenia do służby w 8. AF Mustangów i Lightningów, Thunderbolty wciąż stanowiły zdecydowaną większość sił eskorty. Widać to dobrze na przykładzie wyprawy bombowej z 20 lutego 1944 roku, która rozpoczęła serię nalotów na zakłady przemysłu lotniczego na terenie Rzeszy (operacja *Argument*, znana lepiej jako *Big Week*). Bombowcom 8. AF, których liczba po raz pierwszy przekroczyła 1000 samolotów, przydzielono osłonę 73 Mustangów, 94 Lightningów i aż 668 Thunderboltów. Tego dnia część Thunderboltów po raz pierwszy wyposażono w podkadłubowe zbiorniki na 150 galonów paliwa o charakterystycznym, owalnym przekroju poprzecznym. Dzięki nim piloci 56. FG dotarli aż w pobliże Hanoweru, około 350 mil (560 kilometrów) od swojej bazy w Halesworth.

Operacja *Argument* stanowiła apogeum służby Thunderboltów w 8. AF. Od tej pory ich liczba stopniowo malała, w miarę jak kolejne jednostki przezbrajały się na Mustangi. Jeszcze w lutym 1944 roku na Thunderboltach w 8. AF latało dziewięć grup myśliwskich (4., 56., 78., 352., 353., 355., 356., 359. i 361. FG). Z końcem miesiąca, jako pierwsza, na Mustangi przezbroiła się 4. FG. Na początku marca Amerykanie rozpoczęli serię nalotów na Berlin. Do tego czasu część Thunderboltów zmodyfikowano tak, by dodatkowe zbiorniki na paliwo (początkowo na 75 galonów, a od kwietnia na 108 galonów) mogły przenosić pod skrzydłami. Latem 1944 roku, podczas walk o Francję, role się odwróciły i tym razem to Thunderbolty 8. AF skierowano do ataków na cele naziemne. Od końca wojny w szeregach 8. AF pozostała tylko jedna jednostka Thunderboltów – 56. FG – która utrzymała

First to go was 4th FG, which converted to Mustangs in late February. In early March the Americans commenced a series of bombing raids against Berlin. By that time some Thunderbolts had been modified to carry auxiliary fuel tanks under wings – initially of 75 gallons, and of 108 gallons starting with April. In summer 1944 the roles somewhat reversed, and the remaining Thunderbolts of the strategic 8th AF were pressed into a tactical, ground supporting role. Only one fighter group of the 8th AF – 56th FG – continued to operate Thunderbolts by the end of the war. Notably, it remained the top-scoring outfit (in terms of aerial victories) of all American fighters groups in the ETO. After the group had received the so-called 'Superbolts' (the P-47D-25 and later models), fitted with enlarged internal fuel tanks and modified to carry 150-gallon drop tanks under wings, it could range out as far as Berlin. Not unduly, it was with this unit that the aforementioned P-47M saw operational service, starting with January 1945. The 56th FG's last Thunderbolts are famous for, more than anything else, their flamboyant painting schemes. The 61st FS opted for overall dark Midnight Blue with code letters and rudders in red; 62nd FS chose to paint upper surfaces in intermittent broad stripes of Medium Sea Grey and Dark Green (code letters and rudders in yellow); 63rd FS used the composition of dark French Blue and light Azure Blue (rudders

Lt. Maurice Morrison of 352nd FS / 353rd FG by his P-47D-11-RE *Hi-Lander* (s/n 42-75552) coded 'SX-R'.

Lt. Maurice Morrison z 352. FS / 353. FG przy swoim P-47D-11-RE *Hi-Lander* (n/s 42-75552), kod boczny „SX-R".

pierwsze miejsce pod względem liczby zestrzeleń ze wszystkich amerykańskich grup myśliwskich na europejskim teatrze działań wojennych. Dzięki przystosowaniu swoich Thunderboltów do przenoszenia pod skrzydłami zbiorników na 150 galonów paliwa, 56. FG mogła się zapuszczać aż nad Berlin. Właśnie w tej jednostce w styczniu 1945 roku służbę frontową rozpoczął wspomniany wcześniej P-47M. Ostatnie Thunderbolty 56. FG zasłynęły głównie ze swych oryginalnych, nieco ekstrawaganckich malowań. I tak 61. FS malował górne powierzchnie swoich samolotów ciemnoniebieskim kolorem *Midnight Blue*, a ster kierunku i litery na kadłubie na czerwono. Z kolei w 62. FS skrzydła i kadłub pokrywano szerokimi pasami w kolorze *Medium Sea Grey* i *Dark Green* (ster kierunku i litery w kolorze żółtym), natomiast 63. FS używał kompozycji ciemnoniebieskiego *French Blue* i jasnego *Azure Blue* (ster niebieski, litery w naturalnym kolorze aluminium); zdarzały się też indywidualne

Cpl. Wall, crew member, by P-47D-1RE *Boise Bee* (s/n 42-7890) coded 'QP-B', flown by Lt. Duane "Bee" Beeson (of Boise, Idaho) of 334th FS, 4th FG (via Bruce Zigler).

Kapral Wall z obsługi naziemnej przy P-47D-1RE *Boise Bee* (n/s 42-7890), kod boczny „QP-B'", którym latał Lt. Duane „Bee" Beeson (z Boise w Idaho) z 334. FS / 4. FG.

blue, code letters left in natural aluminium colour). Apparently there were also some individual variations of these schemes.

Thunderbolts that the 8th AF no longer needed usually ended up in 9th AF, which by the time of Normandy landings could field as many as 13 Thunderbolt fighter groups. This force was split into two Tactical Air Commands: IX TAC under Brig.Gen. Elwood Quesada and slightly smaller XIX TAC under Maj.Gen. Otto Weyland. The former was tasked with providing support to First Army under Hodges, and the latter to pave the way (by all means a challenging assignment) for Patton's Third Army.

In late 1944 the needs of the western front's southern sector led to constituting the First Tactical Air Force (1st TAF, also known as the 1st TACAF), a Franco-American air arm created provisionally in the field and commanded by Maj.Gen. Robert Webster. Its mission was to support Franco-American Sixth Army Group (U.S. Seventh Army and French First Army). The 1st TAF comprised, among other units, three Thunderbolt fighter groups of the 9th AF (50th, 358th and 371st) as well as five P-47 groups of the 1st French Air Corps. Moreover, at the turn of 1944/45 Thunderbolts were also flown, albeit temporarily, by 354th FG (the only USAAF fighter outfit which, if only for a short stint, converted *from* P-51s *to* P-47s). When the 354th was given back their beloved Mustangs, its Thunderbolts were passed to 367th FG, which hitherto (until February 1945) had flown P-38 Lightnings.

wariacje. Wszystkie trzy dywizjony 56. FG malowały przednią część osłon silników na czerwono; powierzchnie dolne pozostawiano w naturalnym kolorze aluminium.

Thunderbolty, których sukcesywnie pozbywała się 8. AF, najczęściej trafiały do 9. AF, która do czasu lądowania w Normandii mogła już wystawić do walki 13 grup myśliwskich Thunderboltów. Te siły rozdzielono pomiędzy IX TAC (*Tactical Air Command*) pod dowództwem Brig.Gen. Elwooda Quesady i nieco mniejsze XIX TAC Maj.Gen. Otto Weylanda. Zadaniem IX TAC było wspieranie Pierwszej Armii gen. Hodgesa, natomiast Trzeciej Armii gen. Pattona przydzielono XIX TAC.

Pod koniec 1944 roku na potrzeby południowego odcinka frontu w zachodniej Europie utworzono nową jednostkę wsparcia taktycznego: 1. TAF (*Tactical Air Force*), jednocząc pod wspólnym dowództwem (Maj.Gen. Roberta Webstera) jednostki amerykańskie i francuskie. Zadaniem 1. TAF było wspieranie francusko-amerykańskiej Szóstej Grupy Armii (złożonej z amerykańskiej Siódmej Armii i francuskiej Pierwszej Armii) W skład 1. TAF wchodziły m.in. trzy amerykańskie jednostki Thunderboltów z 9. AF (50., 358. i 371. FG), a także pięć jednostek P-47 z 1. Francuskiego Korpusu Lotniczego. Ponadto na przełomie 1944/45 roku na Thunderboltach latała również 354. FG. Kiedy ta jednostka odzyskała swoje ulubione Mustangi, jej Thunderbolty przejęła 367. FG (która do lutego 1945 roku latała na Lightningach).

Capt. Gill Burns of 313th FS / 50th FG taxies out in his P-47D named *Butch*, helped by a serviceman riding the wing.

Capt. Gill Burns z 313. FS / 50. FG kołuje na start z pomocą mechanika na skrzydle. Jego P-47D nosił nazwę *Butch*.

Although 9th AF Thunderbolt pilots, whilst flying mainly fighter-bomber missions, amassed an impressive tally of air victories (quite a few of them became aces), their contribution in the final Allied victory was much more than that. For example, only one group – 368th FG – in the period between 14th March 1944 and 8th May 1945 claimed the destruction of 143 enemy aircraft in the air and 98 on the ground, as well as 499 tanks, 280 other armoured vehicles, 6865 motorised transports, 682 horse-drawn carts, 700 locomotives, 3174 rail cars, 33 bridges and 187 artillery pieces. Furthermore, the group's pilots blew up 64 ammunition or fuel dumps, sank 31 barges and cut rail tracks 475 times.

The relatively least known role embarked upon the USAAF Thunderbolts in the World War Two was its use as rescue aircraft. During the massive air raids against the Third Reich many crippled machines fell short of England, ditching in the North Sea. Although P-47s obviously couldn't pick up the survivors, by dropping dinghies and marking the spot with flares helped them enormously to survive until the arrival of the British Air Sea Rescue launches and flying boats. The rescue Thunderbolts equipped the 5th ERS (Emergency Rescue Squadron), which was an integral part of the U.S. 8th Air Force.

Chociaż piloci myśliwsko-bombowych Thunderboltów 9. AF odnieśli imponująco wiele zwycięstw w walkach z Luftwaffe, ich wkład w ostateczne zwycięstwo aliantów w Europie trzeba mierzyć w innych kategoriach. Dla przykładu, tylko jedna, około 100 samolotów grupa myśliwska – 368. FG – w okresie od 14 marca 1944 do 8 maja 1945 roku zgłosiła zniszczenie 143 samolotów wroga w powietrzu i 98 na ziemi, 499 czołgów, 280 pojazdów opancerzonych, 6865 pojazdów mechanicznych, 682 zaprzęgi, 700 lokomotyw, 3174 wagonów, 33 mosty, 187 stanowisk dział, 64 składy paliwa lub amunicji, 31 barek oraz zerwanie torów kolejowych w 475 miejscach.

Stosunkowo najmniej znaną rolą, jaką odegrały amerykańskie Thunderbolty podczas II wojny światowej, było ich użycie jako samolotów ratowniczych. W czasie zmasowanych nalotów na III Rzeszę wiele uszkodzonych maszyn wodowało w kanale La Manche zanim zdołały dotrzeć do Anglii. Chociaż P-47 nie mogły podjąć z wody rozbitków, zrzucając pontony i kolorowe markery pozwalały im przetrwać do czasu nadciągnięcia łodzi latających lub motorówek brytyjskiej *Air Sea Rescue*. Jednostką grupującą ratownicze Thunderbolty był 5 ERS (*Emergency Rescue Squadron*), który stanowił integralną część 8. AF.

Lt. William Odom of 350th FS / 353rd FG by his P-47D-2-RE (s/n 42-8398) *Flamin' Mamie*. He was shot down and killed in this aircraft on 30th December 1943.

Lt. William Odom z 350. FS / 353. FG przy swoim P-47D-2-RE (n/s 42-8398) *Flamin' Mamie*. Odom zginął w tym samolocie zestrzelony 30 grudnia 1943 roku.

Capt. Donald 'Don' Strait of 356th FG by one of his P-47s bearing the name *Jersey Jerk* (the name was chosen by his witty ground crew). Strait, who later became one of the top-ranking Mustang aces in the 8th AF, won his first three victories on Thunderbolts.

Capt. Donald „Don" Strait z 356. FG przy jednym ze swoich P-47 o imieniu „Jersey Jerk". Strait, jeden z czołowych asów 8. AF, swoje pierwsze trzy zwycięstwa zdobył na Thunderboltach.

Maj. Shannon Christian (left) by his P-47D-16-RE (s/n 42-76103) *Cookie II* coded 'YJ S[bar]'.

Maj. Shannon Christian (po lewej) przy swoim P-47D-16-RE (n/s 42-76103) *Cookie II*, kod boczny „YJ-S̲".

This photo documenting the damage inflicted on 3rd October 1943 by Flak to P-47D-2-RA (s/n 42-22475) *Kat* coded 'LH-N'of 350th FS / 353rd FG shows to advantage the white identification bands carried by early ETO Thunderbolts.

To zdjęcie, dokumentujące uszkodzenia, jakie 3 października 1943 roku od ognia przeciwlotniczego doznał P-47D-2-RA (n/s 42-22475) *Kat*, kod boczny „LH-N", z 350. FS / 353. FG, przy okazji świetnie obrazuje rozmieszczenie białych pasów identyfikacyjnych na statecznikach i sterach wczesnych Thunderboltów.

Maj. Ben Rimerman (left), the future commanding officer of 353rd FG and Capt. Walter Beckham. The latter's personal mount, P-47D-5-RE (s/n 42-8476) *Little Demon* coded 'YJ-X', can be seen in the background.

Maj. Ben Rimerman (z lewej), przyszły dowódca 353. FG i Capt. Walter Beckham. W tle P-47D-5-RE (n/s 42-8476) *Little Demon* o kodzie bocznym „YJ-X", samolot Beckhama.

On 27th April 1944 Lt. Carl Mueller crash-landed moments after takeoff. The aircraft is P-47D-21-RE (s/n 42-25506) *Dove of Peace VI* coded 'LH-X', the personal mount of Lt.Col. Glenn Duncan, the commanding officer of 353rd FG.

P-47D-21-RE (n/s 42-25506) *Dove of Peace VI*, kod boczny „LH-X", osobisty samolot Lt.Col. Glenna Duncana, dowódcy 353. FG. Samolot rozbił Lt. Carl Mueller, lądując nim awaryjnie tuż po starcie, 27 kwietnia 1944 roku.

Another view of the same aircraft, here with 'invasion stripes' seen on the wing. The man in the cockpit is most probably its crew chief. (*James Crow*)

Ten sam samolot już z widocznymi na skrzydle „pasami inwazyjnymi". W kokpicie pozuje najprawdopodobniej szef obsługi naziemnej.

Armourers handle a 500 lb bomb which they will fit in under the wing of P-47D-15-RE (s/n 42-75815) *Patrica Eaby* coded 'YJ-E' of 351st FS / 353rd FG seen in the background; April 1944.

Zbrojmistrze szykują pięćsetfuntową bombę do podwieszenia pod skrzydłem F-47D-15-RE (n/s 42-75815) *Patrica Baby*, kod boczny „YJ-E", z 351. FS / 353. FG; kwiecień 1944 roku.

P-47D-22-RE (s/n 42-26057) coded 'UN-W[bar]" of 63rd FS / 56th FG with a full set of invasion stripes around fuselage and wings.
P-47D-22-RE (n/s 42-26057) kod boczny „UN-W̱" z 63. FS / 56. FG w pełnym zestawie tzw. pasów inwazyjnych (dookoła kadłuba i skrzydeł).

Mechanics are 'pulling through' the propeller of a P-47 named *Chunky*, assigned to 358. FG, prior to starting the engine in order to clear oil from cylinders.
Mechanicy obracają śmigłem jednego z Thunderboltów 358. FG o imieniu *Chunky*, aby oczyścić dolne cylindry z oleju.

Lt. William Strait of 352nd FS/353rd FG and the ground crew by their P-47D-15-RE (s/n 42-76195) *Scotty Bill* coded 'SX-Y'. Of note is the checkerboard of black and yellow diamonds on the engine cowling, which distinguished the 353rd FG.

Lt. William Strait z 352. FS / 353. FG i obsługa naziemna przy swoim P-47D-15-RE (n/s 42-76195) *Scotty Bill* o kodzie bocznym „SX-Y". Na okapotowaniu silnika złożona z czarno-żółtych rombów szachownica, która wyróżniała 353. FG.

Lt. Donald Corrigan of 352nd FS / 353rd FG on the wing of his P-47D-22-RE (s/s 42-25771) coded 'SX-I'. On 8th February 1944 he shot down a Fw 190 in St Hubert area for his sole air victory. 2/Lt. Virgil Johnston was killed by Flak in this aircraft on 10th June 1944.

Lt. Donald Corrigan z 352. FS / 353. FG na skrzydle swojego P-47D-22-RE (n/s 42-25771) kod boczny „SX-I". Corrigan zdobył swoje jedyne zwycięstwo w powietrzu 8 lutego 1944 roku – w rejonie St Hubert zestrzelił Fw 190. Dziesiątego czerwca 1944 roku w tym samolocie zginął 2/Lt. Virgil Johnston.

This P-47D-20-RE (s/n 42-76436) of 367th FS / 358th FG coded 'CP-D' crash-landed at the A-3 advanced landing ground, Cardonville, Normandy, on 16th June 1944. The injured and dazed pilot, Lt. Jacob Blazicek, is being helped out of the cockpit.

Awaryjne lądowanie uszkodzonego przez Flak P-47D-20-RE (n/s 42-76436) z 367. FS / 358. FG, kod boczny „CP-D", na lotnisku polowym A-3 w Cardonville w Normandii, 16 czerwca 1944 roku. Samolot pilotował Lt. Jacob Blazicek. Rannego pilota wyciąga z kokpitu obsługa naziemna.

Lt. Eugene Timony of 63rd FS / 56th FG in he cockpit of his P-47D-22 (s/n 42-26258) *Moptop's Pride* coded 'UN-T'.

Lt. Eugene Timony z 63. FS / 56. FG w kokpicie swojego P-47D-22 (n/s 42-26258) „UN-T" o imieniu *Moptop's Pride*.

A crashed 9th AF Thunderbolt burns fiercely at an airstrip in Normandy, on 21st June 1944. Of note are clusters of fragmentation bombs hanging under the wing. (James Crow)

Jeden z Thunderboltów 9. AF płonie na pasie startowym lotniska polowego gdzieś w Normandii, 21 czerwca 1944 roku. Pod skrzydłem widoczne wiązki bomb odłamkowych.

Bundles of fragmentation bombs, here on a underbelly rack.

Wiązki bomb odłamkowych na wyrzutniku pod kadłubem.

Another snapshot of a 9th AF's forward landing ground in Normandy. Ground crew load the battery of four port wing 'fifties' with belts of ammunition. Of note are stacks of ammunition boxes and jerrycans in the background. (James Crow)

Kolejne ujęcie polowego lotniska Thunderboltów 9. AF w Normandii. Właśnie trwa załadunek półcalowej amunicji do komór w lewym skrzydle. W tle stosy skrzynek z amunicją i kanistry z benzyną.

Capt. William Hunt of 352nd FS / 353rd FG in the cockpit of his P-47D-25-RE (s/n 42-26667) *Bobbie Baby* coded 'SX-W'. He was killed in this aircraft on 10th June 1944.

Capt. William Hunt z 352. FS / 353. FG w kokpicie swojego P-47D-25-RE (n/s 42-26667) *Bobbie Baby*, kod boczny „SX-W". Zginął w tym samolocie 10 czerwca 1944 roku.

A quick conference with an army officer over a map spread on the wing of a Thunderbolt of 397th FS, 368th FG at an advanced landing ground in Normandy.

Szybka konsultacja z oficerem wojsk lądowych nad mapą rozłożoną na skrzydle Thunderbolta z 397. FS / 368. FG na jednym z lotnisk polowych w Normandii.

Robert 'Bob' Johnson (left) and Walker 'Bud' Mahurin of 56th FG. Seen in the background is Mahurin's machine, P-47D-5-RE (s/n 42-8487) *Spirit of Atlantic City N.J.* coded 'UN-M'.

Robert „Bob" Johnson (po lewej) i Walker „Bud" Mahurin z 56. FG. W tle samolot Mahurina, P-47D-5-RE (n/s 42-8487) „UN-M", który nosił na burcie napis *Spirit of Atlantic City N.J.*

Capt. Dewey Newhart, the CO of 350th FS / 353rd FG by his P-47D-15-RE (s/n 42-76141) *Mud N'Mules* coded 'LH-D'.

Capt. Dewey Newhart, dowódca 350. FS ze składu 353. FG, przy swoim P-47D-15-RE (n/s 42-76141) *Mud N'Mules* o kodzie bocznym „LH-D".

This German convoy was wrecked from end to end by a single Thunderbolt, flown by Lt.Col. Houck, the CO of 387th FS (365th FG).

Konwój niemieckich ciężarówek w płomieniach. Tego zniszczenia dokonał pojedynczy P-47, którego pilotował Lt.Col. Houck, dowódca 387. FS ze składu 365. FG.

Ground crews busy themselves with aircraft of 368th FG. First to the right is P-47D-20-RE (s/n 42-76531) *You've Had "It"* coded D3-A, flown by Lt.Col. John Haesler, the CO of 397. FS.

Obsługa naziemna uwija się przy samolotach 368. FG. Pierwszy z prawej to P-47D-20-RE (n/s 42-76531) *You've Had "It"*, kod boczny D3-A, którym latał Lt.Col. John Haesler, dowódca 397. FS.

P-47D-15-RE (s/n 42-76141) coded 'LH-Q', flown by Capt. Lonnie Davis of 350th FS/353rd FG, June 1944. Note the inscription *Arkansas Traveler*; on the port side the aircraft carried *Mud N'Mules* in memory of Capt. Newhart, who was killed on 12th June.

P-47D-15-RE (n/s 42-76141) o kodzie bocznym „LH-Q", którym latał Capt. Lonnie Davis z 350. FS / 353. FG; czerwiec 1944 roku. Na prawej burcie napis *Arkansas Traveler*; na lewej widniał napis *Mud N'Mules* na cześć Capt. Newharta, który zginął 12 czerwca.

P-47D-22-RE (s/n 42-25904) *Lethal Liz II*, coded '2N-U' of 81st FS / 50th FG photographed at an advanced landing ground in Normandy. It was lost with Lt. Arthur Davis at the controls, killed in action over Bernay on 17th August 1944.

P-47D-22-RE (n/s 42-25904) *Lethal Liz II*, kod boczny „2N-U", z 81. FS / 50. FG gdzieś we Francji. Pilotujący go Lt. Arthur Davis zginął w akcji nad Bernay 17 sierpnia 1944 roku.

Lt. Robert 'Bob' Johnson of 61st FS/56th FG. At that time his tally stood at 16 victories.

Lt. Robert „Bob" Johnson z 61. FS / 56. FG. Na burcie oznaczenia 16 zestrzeleń.

34

SMI LIBRARY

Thunderbolt of 404th FS / 371st FG at a forward landing ground in France, June 1944.

Thunderbolty 404. FS / 371. FG na lotnisku polowym we Francji, czerwiec 1944 roku.

As Capt. Raymond Walsh of 406th FG raked a German truck with gunfire, it literally blew up in his face, forcing him to fly through a ball of fire and debris. The tremendous explosion was recorded by his wingman, Lt. Wille Whitman.

Ostrzeliwując niemiecką ciężarówkę – jak się okazało, wyładowaną amunicją – Capt. Raymond Walsh z 406. FG spowodował tę spektakularną eksplozję, którą zarejestrował jego skrzydłowy, Lt. Wille Whitman.

Refuelling in progress at Deux-Jumeaux airfield (A-4). The P-47D-22-RE (s/n 42-25683) *Miss Lace* coded 'F4-C' of 492nd FS / 48th FG.

Tankowanie na lotnisku A-4 w Deux-Jumeaux. P-47D-22-RE (n/s 42-25683) *Miss Lace*, kod boczny „F4-C", należał do 492. FS / 48. FG.

Thunderbolts of 358th and 40th FG share an advanced landing ground in Normandy.

Thunderbolty 358. i 405. FG na lotnisku polowym w Normandii.

Lt.Col. Francis Gabreski, at that time the CO of 61st FS, in his P-47D-25 (s/n 42-26418) coded 'HV-A'. Note the 150-gallon drop tank under the belly.

Lt.Col. Francis Gabreski, w tym czasie dowódca 61. FS (ze składu 56. FG), w swoim P-47D-25 (n/s 42-26418) o kodzie bocznym „HV-A". Pod kadłubem odrzucany zbiornik na 150 galonów paliwa.

Capt. Frederick 'Fred' Christensen of 62nd FS/56th FG by his P-47D-25-RE (s/n 42-26628) *Miss Fire/Rozzie Geth II* coded 'LM-C'.

Capt. Frederick „Fred" Christensen z 62. FS / 56. FG przy swoim P-47D-25-RE (n/s 42-26628) *Miss Fire / Rozzie Geth II*, kod boczny „LM-C".

In August 1944 the 353rd FG experimented with bazooka-type rocket launchers firing 4.5-in projectiles. The tubes were 10 feet long, and the total loaded weight of a triple launcher was 450 lb, which clipped 15-20 mph off the P-47's top speed. The launchers were jettisonable in flight.

W sierpniu 1944 roku 353. FG eksperymentowała z rurowymi wyrzutniami rakietowymi kalibru 4,5 cala (114 mm). Wyrzutnie miały długość 10 stóp (ok. 3 metrów). Potrójna wiązka ważyła 450 funtów (204 kg) i redukowała prędkość samolotu o ok. 15-20 mil na godzinę (24-32 km/h).

Lt. William Weaver of 353rd FG in his P-47D-6-RE (s/n 42-74615) he named *My Best Bett*.

Lt. William Weaver z 353. FG w swoim P-47D-6-RE (n/s 42-74615) *My Best Bett*.

P-47D-28-RE (s/n 44-19566) coded 'MX-X' flown by Lt.Col. Jack Oberhansly, deputy CO of 78th FG; Duxford, August 1944.

P-47D-28-RE (n/s 44-19566), kod boczny „MX-X", którym latał Lt.Col. Jack Oberhansly, zastępca dowódcy 78. FG; Duxford, sierpień 1944 roku.

Lt. Darrell McMahan (left) and Lt. Jack Pierce of 62nd FS / 56th FG by P-47D-22-RE (s/n 42-26298) *Stalag Luft III – I Wanted Wings/Button Nose* coded 'LM-A[bar]' flown by their squadron mate Lt. Albert Knafelz.

Lt. Darrell McMahan (po lewej) i Lt. Jack Pierce z 62. FS / 56. FG przy P-47D-22-RE (n/s 42-26298) *Stalag Luft III – I Wanted Wings / Button Nose,* kod boczny „LM-A", którym latał ich kolega z dywizjonu, Lt. Albert Knafelz.

Mechanics by P-47D-25-RE (s/n 42-26637) *Kokomo* coded 'VM-P[bar]', which was the personal mount of Maj.Gen. William Kepner, the commander of the VIII Fighter Command; August 1944. Officially the aircraft was assigned to 495th FTG, a fighter training group of the VIII FC. The nose band was light green.

Mechanicy przy P-47D-25-RE (n/s 42-26637) *Kokomo*, kod boczny „VM-P", którym latał dowódca VIII *Fighter Command*, gen. William Kepner; sierpień 1944 roku. Oficjalnie samolot należał do 495. FTG, jednostki treningowej VIII FC.

Lt. Edward Hubbell of 313th FS / 50th FG and his crew chief S/Sgt Alexander Plonka by their Thunderbolt named *Sexy Texan*.

Lt. Edward Hubbell z 313. FS / 50. FG i szef obsługi naziemnej S/Sgt Alexander Plonka przy ich Thunderbolcie noszącym imię *Sexy Texas*.

On 3rd September 1944 the Thunderbolts of the VIII FC attacked enemy airfields in Belgium, Netherlands and Germany. The only loss was Lt. Richard Stark of 82nd FS / 78th FG (shot down over Roermond and taken prisoner), who flew the P-47D-23-RA (s/n 42-27607) coded 'MX-G' seen here.

Trzeciego września 1944 roku Thunderbolty VIII FC atakowały nieprzyjacielskie lotniska na terenie Belgii, Holandii i Niemczech. Jedyną stratą był Lt. Richard Stark z 82. FS / 78. FG (zestrzelony nad Roermond; dostał się do niewoli), który tego dnia pilotował widoczny na zdjęciu P-47D-23-RA (n/s 42-27607), kod boczny „MX-G".

Capt. Alfred Eaton of 84th FS/78th FG by his P-47D-25-RE (s/n 42-26682) *Ozark Queen* coded 'WZ-U'; Duxford, November 1944.

Capt. Alfred Eaton z 84. FS / 78. FG przy swoim P-47D-25-RE (n/s 42-26682) *Ozark Queen*, kod boczny „WZ-U"; Duxford, listopad 1944 roku.

Lt. Robert Laho of 84th FS / 78th FG in his P-47D-28-RA (s/n 42-28615) *My Babe* coded 'WZ-X'; Duxford, October 1944.

Lt. Robert Laho z 84. FS / 78. FG w swoim P-47D-28-RA (n/s 42-28615) *My Babe*, kod boczny „WZ-X"; Duxford, październik 1944 roku.

Ground crew move around a P-47 at one of the 1st TAF's airfields in France at the turn of 1944/45.

Obsługa naziemna przetacza Thunderbolta na którymś z lotnisk 1. TAF we Francji zimą przełomu 1944/45 roku.

Capt. Howard Curran of 510th FS / 405th FG on the wing of his P-47D-22-RE (s/n 42-26249) *Kansas Tornado II* coded '2Z-D'. *(James Crow)*

Capt. Howard Curran z 510. FS / 405. FG na skrzydle swojego P-47D-22-RE (n/s 42-26249) *Kansas Tornado II,* kod boczny „2Z-D".

P-47D-20-RE (s/n 42-76464) *Peg O' My Heart* coded 'A8-O' belly-landed by Lt. Sampson of 391st FS / 366th FG at the turn of 1944/45. The aircraft's regular pilot was Lt. Floyd Hass. A sizable chunk of the port wing root is missing, most probably torn off by German ground fire. (*James Crow*)

P-47D-20-RE (n/s 42-76464) *Peg O' My Heart*, kod boczny „A8-O", po przymusowym lądowaniu, które wykonał Lt. Sampson z 391. FS / 366. FG zimą przełomu 1944/45. Stałym pilotem samolotu był Lt. Floyd Hass. Na dolnym zdjęciu widać sporych rozmiarów dziurę u podstawy lewego skrzydła.

48

This Bf 109 (note the fuselage band of a Reich's Defense unit), caught with its drop tank still in place, was shot down by Lt. George Bauer of 368th FG on 17th December 1944.

Ten Bf 109 (zwraca uwagę pas jednostki obrony Rzeszy i podkadłubowy zbiornik na paliwo), uchwycony na ujęciu z fotokarabinu, 17 grudnia 1944 roku padł łupem Lt. George'a Bauera z 368. FG.

The last winter of war found 36th FG, also known as Easy's Angels, in Belgium. Of note, besides the Vargas pin-up girl, is the black and yellow engine cowling, which distinguished the machines flown by this group. Seen here is P-47D-28-RE (s/n 44-20209) *Jeanie* coded '7U-W' of 22nd FS.

Ostatnia zima tej wojny zastała 36. FG *Easy's Angels* w Belgii. Zwraca uwagę charakterystyczne dla tej jednostki, czarno-żółte malowanie osłony silnika. Samolot na zdjęciu to P-47D-28-RE (n/s 44-20209) *Jeanie,* kod boczny „7U-W", z 22. FS.

Capt. George King of 386th FS / 365th FG taxiing his P-47D-30-RE (s/n 44-20571) coded 'D5-C' at Chièvres, Belgium, in winter of 1944/45.

Capt. George King z 386. FS / 365. FG kołuje swoim P-47D-30-RE (n/s 44-20571), kod boczny „D5-C", na lotnisku w Chièvres w Belgii, zimą przełomu 1944/45 roku.

Mechanics and armourers of 365th FG, the group known as Hell Hawks, at work in a ruined hangar at Florennes-Juzaine (A-78) in Belgium, in February 1945. Of particular interest is the non-standard, 'bubble' side panel of the cockpit canopy, seen below. To the right, armourers Sgt. Robert Turcotte (left) and Cpl. Francis DeGrand are rigging a 500-pounder with a self-explanatory inscription.

Mechanicy i zbrojmistrze 365. FG, noszącej przydomek Hell Hawks, przy pracy w zrujnowanym hangarze na lotnisku Florennes-Juzaine (A-78) w Belgii; luty 1945 roku. Na dolnym zdjęciu zwraca uwagę niestandardowy, wypukły boczny panel owiewki kokpitu. Na zdjęciu z prawej strony zbrojmistrze Sgt. Robert Turcotte (po lewej) i Cpl. Francis DeGrand podwieszają pod skrzydłem pięćsetfuntową bombę z dedykacją

Col. Joseph Laughlin seated in the cockpit of his P-47D30-RA (s/n 44-33287) *Five By Five* coded 'B8-A'. Laughlin commanded 362nd FG from August 1944 through VE-Day.

Col. Joseph Laughlin w kokpicie swojego P-47D30-RA (n/s 44-33287) *Five By Five,* kod boczny „B8-A". Laughlin dowodził 362. FG od sierpnia 1944 roku do końca wojny.

Lt. Jerry Brasher of 82nd FS / 78th FG in his P-47D-20-RE (s/n 42-76585) *Nice Kitty/Dude* coded 'MX-F'. Brasher scored his only victory on 11th February 1944.

Lt. Jerry Brasher z 82. FS / 78. FG w kokpicie swojego P-47D-20-RE (n/s 42-76585) *Nice Kitty/Dude* o kodzie bocznym „MX-F". Brasher swoje jedyne zwycięstwo zdobył 11 lutego 1944 roku.

A 108-gallon drop tank, made of impregnated paper, shackled up under the belly of a P-47.

Odrzucany zbiornik na 108 galonów paliwa, wykonany z taniej w produkcji, impregnowanej masy papierowej, podwieszony pod kadłubem P-47.

Stills from the guncamera mounted in the Thunderbolt flown by 2/Lt. Forrest Fegan of 379th FS / 362nd FG. The Fw 190 seen here fell to his guns over Ardennes on 26th December 1944.

Klatki z filmu nagranego przez fotokarabin w Thunderbolcie 2/Lt. Forresta Fegana z 379. FS / 362. FG, dokumentujące zestrzelenie Fw 190 nad Ardenami 26 grudnia 1944 roku.

Maj. Glenn Eagleston, the CO of 353rd FS (354th FG) taxiing – with a ground crew member on the wing showing the way – at Rosières-en-Haye (A-98), December 1944. Eagleston's mount is P-47D-30-RE (s/n 44-20473) coded 'FT-L'.

Maj. Glenn Eagleston, dowódca 353. FS ze składu 354. FG, kołuje (z pomocą członka obsługi naziemnej na skrzydle) po lotnisku A-98 w Rosières-en-Haye; grudzień 1944 roku. Eagleston siedzi za sterami P-47D-30-RE (n/s 44-20473), kod boczny „FT-L".

Thunderbolt of 365th FG in flames after a crash landing at Florennes-Juzaine (A-78), Belgium.

Thunderbolt z 365. FG płonie po awaryjnym lądowaniu na lotnisku Florennes-Juzaine (A-78) w Belgii.

In the aftermath of operation Bodenplatte, the Luftwaffe New Year's attack against airfields used by the Allied tactical air force, 2/Lt. Melvin Paisley (left) and 2/Lt. John Kennedy of 368th FG pose with trophies. During the famous scrap over Y-29 at Asch, Belgium, Paisley shot down three Fw 190s.

Pokłosie noworocznej operacji *Bodenplatte*, ataku Luftwaffe na przyfrontowe bazy alianckiego lotnictwa taktycznego. Z trofeami pozują 2/Lt. Melvin Paisley (po lewej) i 2/Lt. John Kennedy z 368. FG. Podczas słynnego starcia nad lotniskiem Y-29 w Asch w Belgii Paisley zestrzelił trzy Fw 190.

This gutted Thunderbolt bears witness to an accident which occurred at Asch airfield (Y-29) in Belgium on 31st December 1944. As Lt. Karl Hallberg of 368th FG attempted to land with a jammed bomb, it broke loose and exploded. Miraculously Hallberg got away with only slight injuries, saved by the armour plate behind his seat.

Ten rozerwany na pół Thunderbolt jest niemym świadkiem wypadku, do którego doszło 31 grudnia 1944 roku na lotnisku Y-29 w Asch, w Belgii. Lt. Karl Hallberg z 368. FG próbował wylądować z zaklinowaną pod kadłubem bombą, która w chwili zetknięcia z pasem startowym oderwała się i eksplodowała. Hallberg cudem nie doznał większych obrażeń; życie ocaliła mu pancerna płyta za siedzeniem pilota.

Thunderbolts of 353rd FS / 354th FG at Rosières-en-Haye, France, at the turn of 1944/45. Yellow engine cowlings identified the 353rd.

Thunderbolty 353. FS / 354. FG w Rosières-en-Haye, przełom 1944/45 roku. Żółte osłony silników były elementem rozpoznawczym dywizjonu.

Col. Ray Stecker commanded 365th FG from June 1944 until late April 1945.

Col. Ray Stecker dowodził 365. FG od czerwca 1944 roku do ostatnich dni kwietnia 1945 roku.

Pilots of GC II/5, Escadille Lafayette, a French Thunderbolt unit of 1st TAF. Left to right are: Lts. Pierre Chanoine, Jean Honnorat (in cockpit), Henri Ducru, Jacques Maleville and Jean Marillonnet. Note the unit's badge below the cockpit.

Piloci GC II/5, Escadille Lafayette, francuskiej jednostki Thunderboltów walczącej w składzie 1. TAF. Od lewej, porucznicy Pierre Chanoine, Jean Honnorat (w kokpicie), Henri Ducru, Jacques Maleville i Jean Marillonnet. Na burcie godło jednostki.

P-47D-30-RA (s/n 44-33200) *Peggy Darlin* coded 'G9-C' flown by Maj. Richard Bender of 405th FG. The portrait depicts his wife. (*James Crow*)

Maj. Richard Bender z 405. FG ozdobił swój samolot, P-47D-30-RA (n/s 44-33200) *Peggy Darlin*, kod boczny „G9-C", portretem żony.

P-47D-28-RA (s/n 42-29128) *Honey Bucket Joe* coded 'G9-Q' of 509th FS / 405th FG, lost on 12th December 1944 in a scrap with enemy fighters near Kaiserslautern; the pilot, Lt. Bill Doyle, was killed in action. (*James Crow*)

P-47D-28-RA (n/s 42-29128) *Honey Bucket Joe* z 509. FS / 405. FG, kod boczny „G9-Q", utracony 12 grudnia 1944 roku w potyczce z niemieckimi myśliwcami w okolicy Kaiserslautern. Jego pilot, Lt. Bill Doyle, zginął.

P-47 named *Boilermaker* of an unidentified 9th AF unit, photographed in January 1945.

P-47 o imieniu *Boilermaker* z nieustalonej jednostki 9. AF, styczeń 1945 roku.

Maj. Wilfried Crutchfield of 362nd FG updates the scoreboard on the side of his P-47D-30-RE (s/n 44-20425) *Kentucky Colonel*.

Maj. Wilfried Crutchfield z 362. FG osobiście uzupełnia listę swoich dokonań na burcie służbowego P-47D-30-RE (n/s 44-20425) o imieniu *Kentucky Colonel*.

Same activity, another pilot – Capt. Kent Geyer of 362nd FG.

Capt. Kent Geyer, również z 362. FG, pozuje w podobnym ujęciu.

Another 362nd FG, Lt. Ralph Ellis, documents his combat accomplishments for the benefit of the photographer.

Kolejny pilot 362. FG, Lt. Ralph Ellis, dokumentuje swój dorobek bojowy.

Lt. Joe Holloway of 367th FS / 358th FG demonstrates a hole pierced by a Flak projectile in the propeller blade of his Thunderbolt *Hairless Joe 2nd*.

Lt. Joe Holloway z 367. FS / 358. FG demonstruje przestrzeloną na wylot łopatę śmigła w jego Thunderbolcie o imieniu *Hairless Joe 2nd*.

P-47D-28-RE (s/n 44-20244) *That's Urass* of 367th FS / 358th FG in flight over Germany.
P-47D-28-RE (n/s 44-20244) *That's Urass* z 367. FS / 358. FG w locie nad Niemcami.

Thunderbolts of 365th FG warming up engines prior to a combat sortie, march 1945.

Thunderbolty 365. FG szykują się do lotu bojowego; marzec 1945.

Lt. Merle Richey of 379th FS / 362nd FG seated in the cockpit of his P-47D-22-RE (s/n 42-26290) *Karen Lee*.

Lt. Merle Richey z 379. FS / 362. FG w kokpicie swojego P-47D-22-RE (n/s 42-26290) *Karen Lee*. Pod kadłubem widoczny odrzucany zbiornik na 150 galonów paliwa.

Thunderbolts of 371st FG taxiing at a forward airfield in France. The one in the foreground is P47D-28-RE (s/n 44-20201) coded '9Q-J' of 404th FS.

Thunderbolty 371. FG kołują na start na jednym z lotnisk polowych we Francji. Na pierwszym planie P47D-28-RE (n/s 44-20201), kod boczny „9Q-J", z 404. FS.

Thunderbolts of the 8th and 9th Air Forces							
Air Force	Fighter Group	Fighter Squadron	Squadron Fuselage Codes	Air Force	Fighter Group	Fighter Squadron	Squadron Fuselage Codes
Eighth	4th	334th	QP	Ninth	36th	22nd	3T
		335th	WD			23rd	7U
		336th	VF			53rd	6V
	56th	61st	HV		48th	492nd	F4
		62nd	LM			493rd	I7
		63rd	UN			494th	6M
	78th	82nd	MX		50th	10th	T5
		83rd	HL			81st	2N
		84th	WZ			313th	W3
	352nd	328th	PE		354th	353rd	FT
		486th	PZ			355th	GQ
		487th	HO			356th	AJ
	353rd	350th	LH		358th	365th	CH
		351st	YJ			366th	IA
		352nd	SX			367th	CP
	355th	354th	WR		362nd	377th	E4
		357th	OS			378th	G8
		358th	YF			379th	B8
	356th	359th	OC		365th	386th	D5
		360th	PI			387th	B4
		361st	QI			388th	C4
	359th	368th	CV		366th	389th	A6
		369th	IV			390th	B2
		370th	CS			391st	A8
	361st	374th	B7		367th	392nd	H5
		375th	E2			393rd	8L
		376th	E9			394th	4N
					368th	395th	A7
						396th	C2
						397th	D3
					371st	404th	9Q
						405th	8N
						406th	4W
					373rd	410th	R3
						411th	U9
						412th	V5
					404th	506th	4K
						507th	Y8
						508th	7J
					405th	509th	G9
						510th	2Z
						511th	K4
					406th	512th	L3
						513th	4P
						514th	O7

Lt. Alwin Juchheim, one of the aces with 78th FG (nine air victories), by his Thunderbolt. A 108 gallon drop tank is seen to advantage.

Lt. Alwin Juchheim, jeden z asów 78. FG (dziewięć zwycięstw), przy swoim Thunderbolcie. Pod kadłubem dobrze widoczny odrzucany zbiornik na 108 galonów paliwa.

P-47D-22-RE (s/n 42-26299) 'UN-B' flown by Lt. Cameron Hart of 63rd FS / 56th FG, ready for takeoff. On 23rd December 1944 Hart shot down two Fw 190s, finishing his operational tour with six victories.

P-47D-22-RE (n/s 42-26299) „UN-B", którym latał Lt. Cameron Hart z 63. FS / 56. FG, gotowy do startu. Dwudziestego trzeciego grudnia 1944 roku Hart zestrzelił dwa Fw 190; do końca swojej tury zebrał sześć zwycięstw.

Col. David Schilling, one of 56th FG stalwarts. He was serving with the group since June 1941. In 1942 he took over 62nd FS. Beginning with August 1943, he was Deputy CO, and from August 1944 to January 1945 he commanded 56th FG. He was killed in a car accident in England in 1956.

Col. David Schilling, jeden z filarów 56. FG. W jednostce służył od czerwca 1941 roku. W 1942 roku objął dowodzenie 62. FS. Od sierpnia 1943 roku zastępca dowódcy 56. FG, a od sierpnia 1944 roku do stycznia 1945 roku dowódca 56. FG. Zginął w wypadku samochodowym w Anglii w 1956 roku.

Armourers – Sgt. John Koval (left) and Sgt. Joe DiFranza – are placing ammunition belts in the wing bays of P-47D-25 (s/n 42-26418) coded 'HV-A', flown by Lt.Col. Francis Gabreski, the CO of 61st FS (56th FG).

Zbrojmistrze – Sgt. John Koval (po lewej) i Sgt. Joe DiFranza – układają taśmy amunicyjne w komorach skrzydłowych P-47D-25 (n/s 42-26418) o kodzie bocznym „HV-A", którym latał Lt.Col. Francis Gabreski, dowódca 61. FS (ze składu 56. FG).

Gabby strikes a pose with a map in the cockpit of his P-47; July 1944. The scoreboard shows the full complement of his 28 victories. No other American pilot in the ETO matched this result.

Gabreski pozuje z mapą w kokpicie swojego P-47; lipiec 1944 roku. Na burcie komplet 28 zwycięstw. Tego wyniku nie udało się pobić do końca wojny żadnemu amerykańskiemu pilotowi na europejskim teatrze działań.

Thunderbolts of 63rd FS / 56th FG ready to start rolling for takeoff. Seen in the foreground is P-47D-25-RE (s/n 42-26466) *Anamosa II* coded 'UN-B[bar]' flown by Capt. Russell Westfall.

Thunderbolty 63. FS / 56. FG tuż przed startem. Na pierwszym planie P-47D-25-RE (n/s 42-26466) *Anamosa II*, kod boczny „UN-B̲", którym latał Capt. Russell Westfall.

Thunderbolts of 410th FS / 373rd FG at Lippstadt, Germany, on VE-Day. The machine in the foreground features a Donald Duck nose--art. (*James Crow*)

Thunderbolty 410. FS / 373. FG w Lippstadt w Niemczech, sfotografowane w ostatnim dniu wojny w Europie. Samolot na pierwszym planie ma godło z Kaczorem Donaldem z kreskówek Disneya.

Fritzlar airbase, Germany, in spring 1945, occupied by 504th FS / 506th FG. Seen in the foreground is a P-47D-30-RA. (*James Crow*)

Lotnisko Fritzlar w Niemczech wiosną 1945 roku zajęte przez 504. FS / 506. FG. Na pierwszym planie P-47D-30-RA.

Thunderbolts of 5th Emergency Rescue Squadron, in service with 8th AF, sporting their distinctive red, white and dark blue engine cowlings. Letters WW, discernible on their tailfins, below serial numbers, denote that these are 'War Weary' machines, no longer in combat service. (*James Crow*)

Thunderbolty z 5. ERS (*Emergency Rescue Squadron*), dywizjonu ratowniczego na usługach 8. AF, wyróżniające się czerwono-biało-granatowymi pasami na osłonach silników; Boxted, Anglia. Na statecznikach pionowych, pod numerami seryjnymi, można dojrzeć litery WW (od *War Weary*) oznaczające, że są to samoloty wycofane ze służby bojowej.

Col. David Schilling, the CO of 56th FG, taxiing his personal mount, P-47D-25-RE (s/n 42-26641) coded 'LM-S'. He flew this machine when he shot down five German fighters in one engagement, on 23rd December 1944. (*James Crow*)

Col. David Schilling, dowódca 56. FG, kołuje swoim P-47D-25-RE (n/s 42-26641) „LM-S". To właśnie pilotując ten samolot 23 grudnia 1944 roku Schilling zestrzelił w jednym starciu pięć niemieckich myśliwców.

P-47M-1 (s/n 44-21125), the last Thunderbolt flown by Col. David Schilling, CO of 56th FG; Boxted, England, January 1945. (*James Crow*)

P-47M-1 (n/s 44-21125), ostatni Thunderbolt Col. Davida Schillinga, dowódcy 56. FG; Boxted, styczeń 1945 roku.

P-47D-22-RE (s/n 42-26293) *Belle of Belmont* coded 'UN-L', flown by Lt. Armand Laflam of 63rd FS / 56th FG, taxiing out at Boxted. (*James Crow*)

P-47D-22-RE (n/s 42-26293) *Belle of Belmont*, kod boczny „UN-L", samolot Lt. Armanda Laflama z 63. FS / 56. FG, kołuje na start w Boxted.

Bibliography

Blake Steve, *The Pioneer Mustang Group. The 354th Fighter Group in World War II*, Atglen 2008.

Cora Paul B., *Yellowjackets! The 361st Fighter Group in World War II*, Atglen 2002.

Cross G.E., *Jonah's Feet Are Dry, The Experience of the 353rd Fighter Group during World War II*, Ipswich 2001.

Freeman Roger A., *56th Fighter Group*, Oxford 2000.

Freeman Roger A., *The Mighty Eighth, A History of the U.S. 8th Army Air Force*, London 1970.

Fry Garry L. / Jeffrey L. Ethel, *Escort to Berlin – The 4th Fighter Group in World War II*, New York 1980.

Ivie Thomas G., *352nd Fighter Group*, Oxford 2002.

Marshall Bill, *Angels, Bulldogs & Dragons – The 355th Fighter Group in World War II*, Mesa 1984.

McDowell Ernest R., *Thunderbolt – The Republic P-47 Thunderbolt in The European Theater*, Carrollton 1998.

Miller Kent D., *The 356th Fighter Group in World War II*, Atglen 2003.

Olynyk Frank, *Stars & Bars – A Tribute To The American Fighter Ace 1920-1973*, London 1995.

Parker Danny S., *To Win the Winter Sky – The Air War over the Ardennes 1944-1945*, New York 1999.

Scutts Jerry, *Republic P-47 Thunderbolt. The Operation Record*, Ramsbury 1998.

Smith Jack H., *359th Fighter Group*, Oxford 2002.

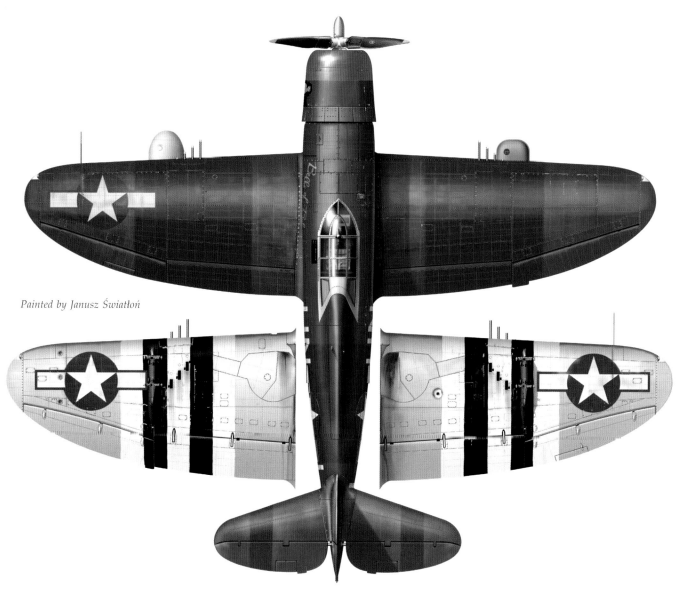

Painted by Janusz Światłoń

PILOT LT. ARMAND A. LAFLAM

CREW CHIEF

Belle of Belmont

P-47D-22-RE (s/n 42-26293) coded 'UN-L' and named *Belle of Belmont*, flown by Lt. Armand A. Laflam of 63rd FS / 55th FG.

P-47D-22-RE (n/s 42-26293) o kodzie bocznym „UN-L" i imieniu *Belle of Belmont*, pilot: Lt. Armand A. Laflam z 63. FS / 5€. FG.

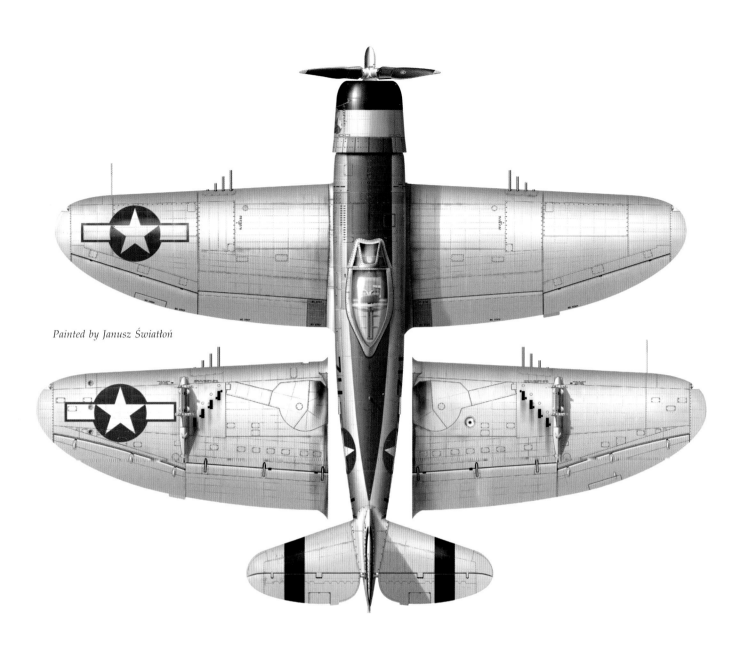

Painted by Janusz Światłoń

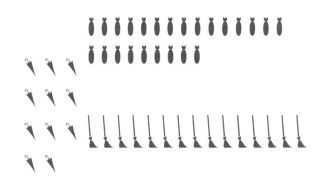

P-47D-28-RE (s/n 44-20209) coded '7U-W' and named *Jeanie* of 23rd FS / 36th FG.

P-47D-28-RE (n/s 44-20209) o kodzie bocznym „7U-W" i imieniu *Jeanie* z 23. FS / 36. FG.

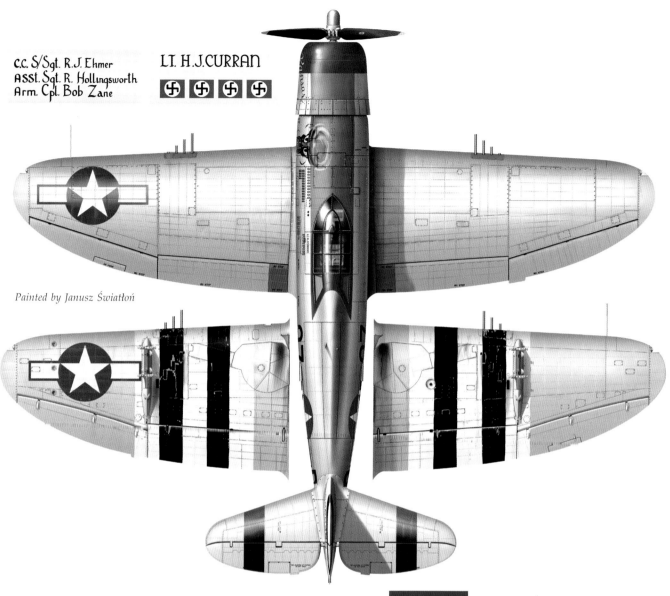

c.c. S/Sgt. R.J. Ehmer
Asst. Sgt. R. Hollingsworth
Arm. Cpl. Bob Zane

LT. H.J. CURRAN

Painted by Janusz Światłoń

Kansas Tornado II

P-47D-22-RE (s/n 42-26249) coded '2Z-D' and named *Kansas Tornado II*, flown by Lt. Howard J. Curran of 510th FS / 405th FG.

P-47D-22-RE (n/s 42-26249) o kodzie bocznym „2Z-D" i imieniu *Kansas Tornado II*, **pilot**: Lt. Howard J. Curran z 510. FS / 405. FG.

PILOT
CAPT. F.J. CHRISTENSEN
CREW CHIEF   S/SGT. C. CONNER
ASST. C.C   CPL. U.C.   HYMEL
ARMOR. PFC. T.G. MYERS

Painted by Janusz Światłoń

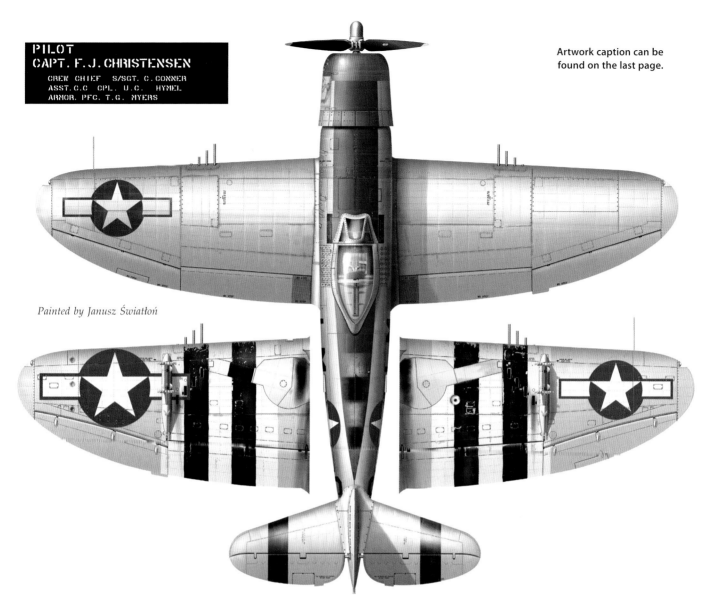

Miss Fire

Rozzie Geth II